ÉCOLE CENTRALE
D'ARCHITECTURE

10 Novembre 1865

SÉANCE D'OUVERTURE

SÉANCE D'OUVERTURE

Imprimerie L. Toinon et Ce, à Saint-Germain

ÉCOLE CENTRALE

D'ARCHITECTURE

SÉANCE D'OUVERTURE

10 Novembre 1865

SÉANCE D'OUVERTURE

DE

L'ÉCOLE CENTRALE D'ARCHITECTURE

Le 10 novembre 1865, le Conseil d'administration de la Société de l'École centrale d'Architecture a réuni, dans la salle de dessin de l'établissement, les élèves admis.

Le Conseil avait pris le soin d'inviter à cette réunion : Leurs Excellences messieurs les Ministres de la Maison de l'Empereur et des Beaux-Arts; de l'Instruction publique; de l'Agriculture, du Commerce et des Travaux publics; M. le surintendant des Beaux-Arts; M. le directeur des Beaux-Arts; M. le directeur et MM. les professeurs de l'École impériale des Beaux-Arts; MM. les membres de l'Académie des Beaux-Arts; MM. les membres du bureau de la Société centrale des architectes; MM. les membres du Conseil de perfectionnement et les professeurs de l'École impériale centrale des arts et manufactures; un grand nombre des architectes notables de la ville de Paris.

L'assistance était nombreuse; on remarquait sur l'estrade d'honneur, M. le surintendant des Beaux-Arts. Auprès de lui, M. Ch. Robert représentait Son Excellence M. le ministre de l'Instruction publique, qui s'était fait excuser.

Leurs Excellences M. le maréchal Vaillant et M. Béhic avaient fait connaître leurs regrets d'être empêchés.

Un grand nombre d'artistes et d'hommes de lettres étaient présents.

La cérémonie était présidée par M. Dupont (de l'Eure), assisté de MM. Émile Muller et Émile Trélat, membres du Conseil de l'école, et de MM. Crétin, E. Flachat, E. de Girardin, Houel, Lesoufaché et Viollet-le-Duc, membres de la commission de surveillance de la Société.

A deux heures et demie, le président ouvre la séance et s'adresse ainsi à l'assemblée :

« Messieurs,

» Il y a six mois, une assemblée générale des actionnaires constituait *la Société de l'École centrale d'Architecture*. L'École centrale d'Architecture n'était déjà plus une simple idée, un projet ; elle entrait dans le monde des faits. Il restait encore à organiser l'enseignement, à fixer les rapports de ses nombreuses parties, à réaliser enfin les moyens matériels d'exécution.

» Cette organisation a présenté les difficultés inhérentes à toute œuvre qui commence ; elles ont été heureusement surmontées, et aujourd'hui l'École centrale d'Architecture ouvre ses ateliers.

» Sur 85 candidats inscrits pour le concours, 62 ont été jugés admissibles par le conseil de l'École.

» Je prie monsieur le Directeur des études de vouloir bien donner lecture de la décision du conseil. »

M. Goschler, directeur des études, fait connaître à l'assemblée la décision du conseil des études de l'École :

Extrait de la séance du conseil en date du 5 novembre 1865.

« Le Directeur soumet au Conseil les dossiers des quatre-vingt-cinq candidats, qui se sont présentés pour subir les épreuves d'admission à l'École centrale d'Architecture.

» Pour les épreuves subies à Paris, il présente le rapport du Directeur des études et le tableau des notes et moyennes obtenues par les candidats.

» Après avoir examiné ce rapport, le Conseil décide qu'il procédera au classement de la manière suivante :

» 1° L'Épreuve de dessin se divise en deux :

» Épreuve de dessin en relief. — Épreuve de dessin architectural.

» La moyenne des notes obtenues dans ces épreuves représente le mérite du candidat en *Dessin*.

» 2° L'examen oral porte sur cinq ordres de questions. La moyenne des notes obtenues sur ces différentes questions représente le mérite de l'élève en *Mathématiques*.

» 3° L'épreuve écrite comporte une composition donnant lieu à une note unique représentant le mérite *littéraire* du candidat.

» La somme de ces trois notes de mérite représente la valeur du candidat.

» Le classement des élèves reçus a été fait sur ces bases et a donné le résultant suivant pour les candidats de Paris :

1. Monmory (Félix).
2. Naudin (Félix).
3. Hecht (Éric-Henri).
4. Zénopoulos (André).
5. Girard (Pierre).
6. Gouy (Antoine).
7. Valez (Jules).
8. Rzçtkowski (Jules).
9. Sauvestre (Stéphen).
10. Winiewicz (Henri).
11. Degand (Émile).
12. Dupasquier (Auguste).
13. Bérenger (Albert).
14. Detraz (Jules).
15. Frontin (Frédéric).
16. Serret (Arthur).
17. Calavassy (Alfred).
18. Mauclère (Paul-Gust.).
19. Douca (Georges).
20. Pesnel (Léon).
21. Bonpaix (Paul).
22. Pombla (Albert).
23. Sauvan (Albert).
24. Montandon (Charles).
25. Favé (Charles).
26. Coché (Jean).
27. Ferrand (Henri).
28. Charbonnier (Ed.).

29. Bousquet (Paul).
30. Kurakowski (Raym.).
31. Duburcq (Félix).
32. Lukasiewicz (Jean).
33. Lemoine (Albert).
34. Atgier (Gustave).
35. Kaeppler (Léon).
36. L'Honneux (Paul).
37. Ribot (Lucien).
38. Roca (Joseph).
39. Knittel (Paul).
40. Robcis (Gustave).
41. Szymonski (Joseph).
42. Walker (Léonard).
43. Gaumont (Paul).
44. Janczewski (Venceslas)
45. Gautier (Charles).
46. Mignot (Henri).
47. Moreau (Alfred).
48. Lavigne (François).
49. Canstatt (Édouard).
50. Hernandez (Pedro-Francisco).
51. Ronsin (Eugène).

» En dehors de la session de Paris, les candidats dont les noms suivent ont passé également leurs épreuves dans les départements et à l'étranger. Ils ont été reçus sans classification de mérite.

1. Bardon (Ernest), à Tulle.
2. Boiron (Ernest), à Sézanne.
3. Borrel (Paul), à Chambéry.
4. Bravit (Alb.), à Lyon.
5. Colard (Albert), à Besançon.
6. Deligny (Eugène), à Libourne.
7. De Dorlodot des Essarts (Alfred), à Nice
8. Lefort (Horace), à Sens.
9. S. de Lloreda (Fernando), à Lucerne.
10. Millard (Alfred), à Reims.
11. Veyrier (Amédée), à Limoges.

» En conséquence, et sur la proposition du Directeur, le Conseil déclare élèves de première année à l'École centrale d'Architecture les soixante-deux candidats ci-dessus nommés. »

Monsieur le Président reprend la parole et s'adresse aux élèves :

« Messieurs les élèves,

» L'institution de l'École centrale d'Architecture a donné lieu à plusieurs critiques. Ces critiques ne vous ont point ébranlés, puisque vous êtes venus vers nous. Néanmoins elles pourraient, dans l'avenir, troubler le calme nécessaire à vos travaux, inquiéter peut-être vos familles.

» Le Conseil de l'École a voulu prévenir ces inquiétudes par une exposition sincère et complète du but que poursuit l'École centrale d'Architecture et des idées générales qui serviront de principes fondamentaux à son enseignement.

» M. Émile Trélat, fondateur et directeur de l'École, a bien voulu se charger de cette mission. Je lui donne la parole. »

M. Émile Trélat s'adresse ainsi à l'auditoire :

Messieurs,

Il y a trente-six ans, trois jeunes savants, MM. Dumas, Olivier, Péclet, dont le premier reste seul aujourd'hui pour jeter sur la science un lustre universellement reconnu, avaient eu l'idée de créer l'enseignement propre au développement de notre industrie, alors bien jeune aussi. Ils avaient rencontré le dévouement d'un homme passionné pour leur idée et qui mettait à la disposition de celle-ci sa fortune et son temps. De cette alliance et de cette généreuse audace est née l'École centrale des Arts et Manufactures, dirigée et administrée pendant trente ans par M. Th. Lavallée.

Cette école, récemment et légitimement dénommée glorieuse en plein parlement, promettait alors tout ce qu'elle a tenu. L'enseignement nouveau s'y développait autour d'un splendide programme, où toutes les sciences utilisables au bien-être de l'homme étaient mises à contribution. Cet ensemble de connaissances si magistralement coordonnées, devait un jour s'infiltrer dans l'industrie militante du pays et donner à la France cette prédominance qu'elle a conquise aujourd'hui dans les progrès matériels de la civilisation. L'ingénieur libre était ainsi mis en mesure de jouer le grand rôle qui lui appartient désormais dans les applications industrielles, et l'on a pu voir toutes les conceptions économiques de ce temps trouver dans ses œuvres la solution immédiate de chaque problème posé. Si vous étiez moins jeunes, messieurs les élèves, vous sauriez quelle part revient au génie civil dans l'installation de la formidable industrie des chemins de fer. Mais n'étendons pas la digression nécessaire qui tient la tête de ce discours.

Le succès incontesté de l'École centrale des Arts et Manufactures ne fut pas seulement un bienfait, il fut aussi un bel et salutaire exemple. Non-seulement une profession utile, qui n'était d'abord représentée que par quelques rares hommes d'élite, fut spontanément créée; non-seulement l'ingénieur civil apparut dès lors à toutes les issues de l'industrie et des travaux publics; mais la preuve fut faite avec éclat que toute grande application de l'intelligence pouvait constituer elle-même son école, et dire à la jeunesse qui l'entourait : Venez ici vous préparer à l'œuvre de votre choix.

C'est cette preuve faite qui a donné aux fondateurs de l'École centrale d'Architecture la force de créer cet établissement; c'est elle qui leur a permis de se dire avec conviction : « L'industrie, qui enfante et distribue les ri- » chesses matérielles des sociétés a su créer » son enseignement, — l'architecture, qui » reste comptable des œuvres construites de la » pensée, doit créer le sien : à côté de l'École » centrale des Arts et Manufactures, plaçons » l'École centrale d'Architecture. »

Vous le voyez, messieurs les élèves; pour nous tous, pour nous vos maîtres, qui vous devons les bons exemples, pour vous qui devez pouvoir nous suivre avec une confiance légitimée par le respect, ce serait une coupable ingratitude que de négliger de placer ici la part d'hommages dus par nous à la devancière qui nous fait facile la carrière ouverte.

Il est bon, il est sain de rendre hommage aux choses qui nous ont servi à bien faire. Mais se donner le légitime et vrai bonheur de mettre à l'aise sa conscience et son cœur au moment où l'on va franchir le seuil de l'arène, c'est peut-être consacrer son droit de marcher librement vers le but choisi; ce n'est pourtant pas affirmer son œuvre, et notre devoir, en vous réunissant aujourd'hui pour la première fois, nous dicte une affirmation frappante pour vos esprits.

En entrant ici, je le sais, vous arrivez tous à nous poussés par une prédilection marquée pour l'Architecture. Les précautions que nous avons prises avec ceux d'entre vous qui sont venus nous consulter avant de se présenter à l'École, le soin que nous avons mis à les dissuader lorsque nous les rencontrions jetés par le hasard plutôt que par la réflexion dans cette voie, les épreuves que vous avez subies, tout doit faire présumer que vous êtes ici parce que vous avez été attirés par un enseignement, qui fixait vos esprits vers le but de votre choix. Et cependant, messieurs, je le sens, vous êtes jeunes, inexpérimentés, sûrement faciles à émouvoir, et, partant, susceptibles de cet entraînement qui tient aux choses nouvelles, aux entreprises menées avec quelque passion. Et comme nous ne pouvons pas vous cacher et que nous avons même quelque secret désir de vous laisser deviner que cette passion n'est pas étrangère à notre œuvre, il est sage que nous fassions ici le tableau exact de ce que vous allez poursuivre.

Tous, vous vous êtes dit : « Je veux être architecte ; l'École centrale d'Achitecture forme des architectes, je vais à l'École centrale d'Architecture. » C'est très-bien et très-logique. Mais est-ce bien suffisant ? Ne reste-t-il pas quelque vague dans vos esprits? Je serais très-porté à le craindre, et j'ai le sentiment que vous me saurez gré d'aller au-devant de vos incertitudes.

Un architecte est un artiste, messieurs. — Un artiste! — Voici un grand mot, généralement assez peu expliqué. Il est pourtant aussi nécessaire de fixer la condition de l'artiste parmi les hommes qui exercent utilement leur pensée, qu'il est nécessaire de connaître le rôle du savant ou de l'industriel. — Il faut savoir le faire. Tentons-le. — Voulez-vous m'aider de votre attention?

Voici un homme qui connaît les faits antérieurs de l'histoire et de l'expérience humaine et qui y ajoute son observation personnelle en ordonnant ces faits et cette expérience, en les classant avec méthode, en en déduisant la loi conséquente: — c'est un savant.

Voici un homme qui ravit à la science ou qui conquiert par l'expérience des *procédés* qu'il met en pratique pour fabriquer et éditer économiquement de nombreux produits similaires: — c'est un industriel.

Tout le monde sait bien cela! — Mais l'artiste? Ah! celui-ci, c'est toute autre chose.

Celui qui a ou qui adopte une pensée et qui l'exprime spécialement dans une forme sensible est un artiste. L'artiste est un interprète, un traducteur. Quelle que soit son œuvre, il faut qu'elle réponde à un idéal : la beauté. Toute idée prise à partie par un artiste veut une expression sensible, et c'est là le but de l'art. Exprimer des idées, les rendre lucides, compréhensibles, saisissantes par la forme, voilà le rôle de l'artiste. Tout le monde n'est pas artiste de condition; tout le monde peut l'être un instant, à l'occasion, suivant son aptitude. Lavoisier, Arago, Humboldt sont des artistes quand ils revêtent leurs découvertes scientifiques d'une forme sensible, compréhensible et attrayante pour tous dans leurs beaux écrits. — Le publiciste, l'avocat sont des artistes, lorsqu'ils donnent un corps à leurs méditations et que le public, convaincu ou touché par leur mise en scène, les peut louer ou condamner. — Le potier, qui tourne ou modèle un vase avec l'entente juste de son usage et qui, sûr de son idée, la développe et en fortifie l'expression par une suite de travaux secondaires cherchés et trouvés à point, ce potier, qui nous présente un de ces rares objets auprès desquels nous sommes amoureusement retenus par l'esprit autant que par les yeux, et vers lesquels se portent involontairement nos mains parce que nous semblons ne pas les pouvoir avoisiner d'assez près pour en caresser l'idée, ce potier est un artiste. De même de l'ébéniste, du carrossier, du sellier, de l'armurier, du verrier, et je dirai de tous les travailleurs d'états. Toutes les fois que de leurs mains sortira quelque objet qui ne sera pas avant tout le produit d'un procédé, qui sera fait *exprès*, permettez l'expression, et qui sera susceptible d'agir sur notre esprit par l'intermédiaire de l'un de nos sens, cet objet appartiendra à l'art.

Je ne sais, messieurs, si vous êtes frappés de cette condition curieuse de l'artiste, condition qui lui fait une place exceptionnelle et presque insaisissable dans la société, lorsqu'on considère les divisions professionnelles de celle-ci. L'artiste peut se rencontrer partout :

il n'est nécessairement nulle part. Bien que certaines professions semblent ne comporter que des artistes, ceux-ci sont souvent aussi rares en elles qu'ailleurs. Cela est un mal conséquent de la mauvaise entente des professions.

Voulez-vous une preuve de cette diffusion de l'artiste dans la société ? Voyez ce qu'il en est de ses œuvres. On les rencontre à tout instant là où on ne les eût pas intentionnellement été chercher, et c'est ce qui explique la bonne fortune de ces heureux créateurs de collections, si pleines d'intérêt pour les amateurs et qui sont des trésors pour l'art. Allez à ce musée rétrospectif que les cabinets privés constituent en ce moment même au Palais de l'Industrie : ne le voyez-vous pas ? Ces collections ingénieusement conçues, chaque jour grandissent, se développent, se ramifient en tous sens ; et si, partant de nos beaux musées publics, où sont réunis les types dominants de nos œuvres d'art, nous descendons vers la mince étagère longuement garnie par les passionnés chercheurs d'armes, de meubles, d'étoffes, de poteries, de verrerie, de coutellerie, etc., nous heurtons la preuve palpable de l'universalité de l'œuvre d'art incessamment produite en tout.

Mais, messieurs, après avoir considéré l'œuvre, envisageons l'ouvrier. Rappelez-vous, je vous en prie, combien de fois vous avez entendu définir la nature d'un homme par cette simple appellation : *C'est un artiste!* Je ne prends pas ce mot dans le sens professionnel ; je l'entends appliquer à l'individu, et il peut être aussi bien question ici de l'homme qui dresse une semelle de soulier que de celui qui tient habituellement une palette et des brosses en ses mains. *C'est un artiste*, dit-on. Qu'est-ce que cela veut dire vulgairement ? Cela veut dire que celui de nos semblables que nous dénommons ainsi ne fait pas nécessairement tout comme tout le monde; que, toute fois qu'il entreprend une chose, il ne se dit pas : *Comment fait mon voisin?* mais bien : *Comment se doit faire cette chose pour être vraiment faite?* — Cela veut dire que le monde pour lui est incessamment peuplé de questions toujours vierges et qu'il est toujours naïvement prêt à les aborder dans leur virginité. — Cela veut dire que, s'il construit une maison ou confectionne un habit, il projette l'une ou taille l'autre en vue de l'habitant ou de l'habillé et non pour utiliser une fois de plus le patron d'une forme consacrée par la convention. — Cela veut dire que, lorsqu'il entreprend une œuvre, quelque minime qu'elle soit, il se recueille pour la faire *exprès*. Je reprends l'expression parce qu'elle est caractéristique. Eh bien, messieurs, ce sens vulgaire si généralement appliqué à l'épithète d'artiste, c'est le vrai *criterium* de l'artiste. Ah! malheur à celui-ci s'il s'est fourvoyé; malheur à lui si, contrairement à sa nature, les circonstances et le destin l'ont jeté dans le champ brûlant et réglé de l'industrie. Cette puissante bienfaitrice, que fera-t-elle de lui dans la redite ininterrompue du produit similaire? Il ne va pas laisser échapper un seul objet fabriqué sans vouloir approprier ses formes à l'emploi particulier qui l'attend. Ne pouvant en agir ainsi, il va transiger, mais non céder. Il fera des catégories, des espèces, des sous-espèces de produits ; le nombre de ses modèles va croître à l'infini ; les frais de fabrication augmenteront dans la même mesure. Les concurrents, plus habiles, sont là qui maintiennent des prix insuffisants pour rémunérer le travail réel mais déplacé de notre artiste industriel. Le pauvre homme est ruiné !

Il ne faut pas, messieurs, marier dans le même homme l'art et l'industrie. Laissons notre artiste ce qu'il est, et sachons l'utiliser. Ne le détournons pas. S'il s'écarte silencieusement des grands et larges courants de la production, s'il ne suit pas volontiers la trace journalière donnée par un autre, s'il paraît quelque peu gênant dans le coudoiement général de tous et garde en soi ce vif appétit des choses trouvées à point ; il frémit cependant sans cesse du besoin impérieux de donner sa note à lui, et il la donne au bénéfice de tous, quand on n'a pas étouffé ou détourné ses tendances naturelles. Gardons l'artiste, messieurs ; soignons-le ; élevons-le ; ouvrons-lui dans toute leur largeur les horizons devant lesquels il se sent à l'aise pour produire ;

car son œuvre est et restera toujours le plus entraînant des attachements légitimes que la pensée en travail puisse donner à l'homme.

Voilà le monde de l'art! Il vous apparaîtra bientôt dans des conditions plus définies. Il faudrait le saisir pourtant avec assez de sûreté déjà pour le reconnaître toujours dans les caractères qui en fixent la silhouette. Ces caractères restent ceux-ci : des œuvres ou des objets qui se produisent un peu partout et qui ne rencontrent la *similitude* nulle part ; des artistes, toujours en quête d'une forme aussi voisine que possible d'un idéal greffé sur chaque chose et qui gravitent sans cesse autour du but si rarement atteint qu'on nomme *le Beau.*

En constituant ainsi le groupe esquissé des artistes de nature vus dans leur ensemble, je place sous vos yeux le monde spécial, étrange peut-être pour certains esprits, où doit se recruter le personnel de tous les arts. Hors de ce groupe, ceux-ci ne trouvent rien qui les puisse utilement servir, et c'est un premier point que je devais tenir à établir devant vous.

Continuons. L'artiste tient donc une place

nette, distincte, nécessaire dans l'œuvre vivante des sociétés. Le philosophe n'exalte ni n'atténue son rôle. Il ne donne le pas ni à l'artiste, ni au savant, ni à l'industriel; tous, à ses yeux, ils apportent leur contingent nécessaire et ils se complètent les uns les autres dans la marche ininterrompue de l'humanité. Pour nous, cependant, qui vous parlons au nom de l'art, il nous appartient peut-être de concevoir la prédominance de notre rang en même temps que nous certifions notre existence, et nous le faisons au nom des goûts mêmes qui nous classent.

Au milieu de cette aptitude et de cet effort perpétuel de l'homme à revêtir de formes harmoniques la réalisation de ses plus chères pensées, il s'est fait des classifications; des groupes se sont formés; les œuvres d'art se sont réunies en famille, qui toutes ont leurs titres de noblesse attachés à leurs noms. Le poëte, le musicien, le peintre, le sculpteur, l'architecte sont des artistes qui participent à autant de familles différentes. Qu'est-ce qui les unit et qu'est-ce qui les distingue? Une seule chose les sépare : le procédé, le mode d'expression. Ils sont tous artistes au même titre, celui de leurs aptitudes naturelles ; mais ils se divisent par l'usage des moyens qu'ils emploient. Sous la plume d'or du poëte, derrière la note émouvante du musicien, en compagnie de cette toile et de ce marbre qui parlent à mon esprit ou à mon cœur, au milieu des mille conceptions variées de l'architecte, je trouve toujours ce même interprète, qui a accepté la mission difficile mais sacrée de prendre une pensée enfouie dans les profondeurs obscures d'un esprit, et qui en fait descendre l'image sensible et aimable au milieu de ses semblables attirés.

Voulez-vous, messieurs, que nous nous écartions maintenant de cette idée juste, mais purement philosophique, que nous nous étions d'abord faite de l'artiste, et que désormais nous prenions à partie ce qui nous intéresse ici : l'architecte en lui-même ? Il ne faut pas que nous soyons pris pour des rêveurs, et nous rentrerons ainsi dans l'ordre des choses pratiques, qui nous doivent occuper.

Quand vous considérez ces familles d'artistes,

dont je vous entretenais il y a quelques instants, vous ne manquez pas, j'en suis sûr, d'être frappés de l'importance que prend dans l'œuvre artistique la nature des moyens choisis, et il est vraisemblable que vous saisissez déjà les limites qui bornent le champ de culture du musicien, du peintre, du sculpteur ; en sorte que vous ne songerez pas que ce qui peut se demander à l'un se puisse demander à l'autre. L'œuvre musicale vous touchera surtout en attaquant et forçant à la réplique toutes les émotions vagues contenues en vous. Sur la toile, vous aimerez à voir se développer les scènes où l'action physique, aussi bien que les conditions morales de l'homme, aussi bien que les tableaux de la nature sont interprétés. La statuaire restreindra singulièrement, en les fortifiant peut-être, les thèmes de ces expressions, qui s'attacheront surtout à l'exquise mise en lumière des parfaites proportions du corps humain ou de certains états très-accusés de l'âme. Bien qu'elle n'ait rien de plus absolu que tout ce qui tient à l'art et qu'elle donne quelquefois lieu à des empiétements de voisinage, cette division des attributs est très-caractéristique entre la musique, la peinture et la sculpture.

On ne saurait parler de même de la poésie, qui fait usage du plus large et du plus élastique de tous les procédés. Une langue, avec les perfectionnements innombrables que le temps a apportés à ce mode d'expression, le plus ancien de tous, une langue, parlée ou écrite, est la ressource la plus universelle pour l'artiste qui sait s'en servir, et c'est pour cela que les poëtes ont tout abordé dans l'ordre des idées et des sentiments et tout su placer sur le piédestal de l'art. On le peut dire : le champ de la poésie est infini. Elle n'atteint pas, en certains points, la puissance que d'autres formes d'art savent joindre; mais elle peut tout entreprendre. C'est son caractère essentiel.

Il y a, messieurs, à côté de cet art privilégié du poëte, un autre art, dont nous ne pouvions bien préciser la portée qu'après avoir envisagé l'étendue et les ressources de la forme littéraire. Reposez-vous, messieurs, nous touchons à l'Architecture. Celle-ci n'a pas l'universalité de ressources de la forme littéraire, mais elle a une autre universalité tout aussi large : c'est le besoin. Je ne sache pas d'exigence un peu durable de la société ou des hommes, qui ne commande à l'architecte un édifice. L'architecte est donc cet artiste auquel le temps impose des conditions positives, des programmes définis, toujours renouvelés et qu'il ne peut décliner. Son œuvre y est liée. Si elle ne découle de là ; elle est nulle de par l'art lui-même. Depuis le monument funéraire jusqu'à la plus petite station de chemin de fer, depuis l'œuvre religieuse jusqu'à la plus simple habitation, tout, mais tout, s'impose à l'architecte sous la forme exigeante d'un *besoin plein d'absolu.*

Qu'est-il résulté de là ? On a dit et trop souvent répété que l'architecture n'était pas un art ; tout au plus lui reconnaissait-on le titre d'une science d'application, et l'on appuyait ce jugement sur l'étendue des connaissances très-variées que l'architecte devait nécessairement posséder pour aborder des exercices aussi divers que les siens. La question prise ainsi, coupée court en sa racine, aboutit tout droit à la définition d'une profession éminemment respectable et qui honore notre époque par l'œuvre gigantesque des chemins de fer et des grands travaux qu'ils comportent. C'est l'ingénieur qu'on définit ainsi, le précieux et utile savant de la construction, l'habile et parcimonieux utilisateur de la matière stable et durable. Que cela nous intéresse vivement, nous ne voulons laisser personne en douter. Sans cela serions-nous de notre siècle, où tant de bienfaits sont dus à l'ingénieur? Mais nos œuvres ne sont pas les mêmes, et si elles se touchent par un point, il importe d'autant plus de les différencier en tous les autres.

Reprenons notre architecte en face de ces innombrables besoins, qui semblent l'opprimer dans sa condition d'artiste. Sa tâche est rude, nous ne le dissimulons pas; mais d'autant plus attrayante elle doit lui apparaître. Ne nous rappelons-nous pas ce que sa nature d'artiste lui dicte? Chacun de ces besoins, il va les prendre à mesure qu'ils se présenteront, et il va en faire sortir l'idée, d'abord vague, puis analysée, puis définie, puis formulée, à laquelle il faudra une expression harmonique. C'est là son devoir d'architecte. Comment s'y prendra-t-il? Vous n'attendez pas que je vous le montre en cette courte séance; mais ce que je dois vous dire aujourd'hui, c'est que, pour y parvenir, il n'a pas deux moyens: il faut qu'il s'affranchisse de trois entraves qui, toutes trois, sont mortelles pour son œuvre, si elles ne sont dominées.

Il faut d'abord que, de par son droit sacré d'interprétation et par l'idéal qu'il saura créer, il brise le cercle étroit du besoin matériel qu'il dessert. Il doit sortir de ce cercle sous peine de renoncer à sa tâche d'artiste. Il n'est plus, sans cela, que l'agent habile d'un procédé. Entre ses mains, l'édifice déchoit et tombe à la construction plus ou moins bien agencée et répondant plus ou moins juste à la mesure matérielle de la commande faite. Mais l'idée que comporte l'édifice, l'ordre de sentiments qu'il est appelé à servir, son rôle accusé, sa tenue marquée dans le cadre de nos besoins, tout cela a disparu avec l'œuvre d'art, qu'on chercherait en vain.

Il faut, secondement, qu'il échappe à la tyrannie de la matière par la connaissance et l'habitude intimes du maniement de celle-ci. Le négliger, ce serait pour lui se condamner au silence, au moins à un triste et désolant bégaiement. Il ne faut pas oublier que sa forme d'expression comportera toujours un fonds de combinaisons délicates, difficiles et laborieuses de matériaux très-divers. On ne doit pas plus indulgencier l'*artiste en édifices* de méconnaître la matière, son moyen fondamental, que tout autre artiste de mésuser de son procédé.

Il faut enfin que l'architecte supplée à la pauvreté de ses moyens d'expression. Des matériaux superposés ou soutenus de diverses manières dans le vide, des combinaisons plus ou moins ingénieuses pour assurer la stabilité et la durée, pour fermer, abriter ou protéger nos édifices; la fine utilisation des aptitudes, des allures et de l'aspect de ces matériaux; l'usage habile des oppositions des masses qu'on assemble; le maniement savant de la lumière jouant sur l'ensemble et sur chacune des parties d'une œuvre construite, sont des ressources d'expression puissantes, mais qui laisseraient souvent à la tâche accomplie de l'artiste l'apparence d'une muette et froide ébauche. L'architecte pare à cette insuffisance en s'appropriant les autres arts, qu'il intronise dans ses œuvres. De ce droit conquis et consacré, l'Architecture prend l'armure qui convient à sa taille. C'est ainsi que, tout en restant elle-même, elle devient le *grand art des arts*, et qu'elle peut conserver, sans manquer à sa mission, l'incessante responsabilité de tous les thèmes infiniment variés qu'elle reçoit des exigences des temps, des sociétés et des individus. C'est ainsi que l'Architecture garde ce caractère d'universalité que, dans l'histoire, elle a si longtemps et si souvent pu mettre en parallèle heureux à côté de l'universalité de l'art du poëte. *Le livre de pierre,* ont dit les poëtes eux-mêmes, en parlant de l'œuvre architecturale. Oui, messieurs, le livre de pierre; le mot est juste, et je ne saurais mieux faire ici que de vous laisser vous-mêmes entrevoir en lui l'immensité de la tâche laissée à l'architecte, le degré d'étendue et d'élévation auquel ses idées doivent être habituellement exercées, et l'ampleur des moyens qu'il doit s'être réservés pour ne pas déchoir.

Je voudrais, messieurs, que le tableau que je viens d'essayer de mettre en mesure avec l'esprit de cette réunion, ait, malgré son aridité, assez fortement frappé vos esprits pour que vous vous soyez dit : *Où doit-il s'adresser celui qui, saisi de la passion de l'art et sincèrement porté vers l'Architecture, veut se préparer à une pareille œuvre ? Où trouvera-t-il le voisinage ménagé de ces exercices incessants, sans lesquels l'artiste ne se développe pas, et de ces expositions méthodiques et attrayantes des chaires, loin desquelles l'esprit ne saurait s'étendre sans perdre en divergence un temps long et précieux ?*

Si vous vous êtes ainsi parlé à vous-mêmes, vous avez compris en leur entier le sens et la portée de la fondation et de l'enseignement de l'École centrale d'Architecture, et je veux le supposer pour vous entretenir de ce que vous allez entreprendre ici.

Il faut distinguer un point fondamental. A vrai dire, l'œuvre artistique ne s'enseigne pas. On n'enseigne que ce qui est positif. On ne prend pas un homme et ne lui inculque pas, avec l'artifice des méthodes fixes, le procédé particulier, en vertu duquel il utilisera le don tout personnel qu'il a reçu de la nature d'envisager les choses et d'en recevoir une impression qui est à lui seul et que lui seul peut découvrir et exploiter. Vouloir en agir autrement c'est risquer d'étouffer et c'est presque toujours étouffer le germe fécond qu'il porte en lui. Toute école d'art qui entrerait dans cette voie serait une école morte d'avance, ou, ce qui serait pis encore, condamnée sans appel au triste rôle d'employer ses succès mêmes à détruire, en le corrompant, le sens artistique de la jeunesse. Gardons-nous ici, même en pensée, messieurs, d'une pareille monstruosité !

Mais, si l'enseignement de l'art ne se peut faire dans le sens absolu du mot, le jeune artiste peut être placé au milieu de conditions favorables au développement de ses facultés. On peut l'engager dans une série d'exercices, qui lui présentent l'incessant attrait du travail de la pensée, servi par le seul moyen qu'ait l'architecte pour donner un premier corps à ses idées; j'entends parler du dessin. On peut le guider dans ces exercices, et, par une suite bien ordonnée de ceux-ci, lui faire en quelque sorte gravir une pente progressive, sur laquelle les aspects de l'art s'élargissent continûment, en même temps que l'esprit s'étend et que l'habileté d'expression s'acquiert.

Cela demande quelques développements. Laissez-moi supposer un instant que je suis avec vous dans l'un de ces ateliers que vous allez hanter journellement. Vraisemblablement, nous serons là bien plus à l'aise pour nous rendre compte de la tâche à suivre, puisque l'atelier est ici le *pivot, autour duquel rayonneront les études*, selon l'expression dont nous nous servions, il y a dix-huit mois, dans l'exposé de notre École. — Nous sommes à l'atelier. — Vous avez, de votre plein sentiment, choisi votre maître. — Je n'y suis pour rien. Il m'importe donc peu que nous nous sachions chez M. Nicolle ou chez M. Simonet. Je préfère même n'en rien connaître; car je n'entends nullement gêner leur liberté. Il faut que le maître reste entièrement lui-même. « *Rien n'est beau que le vrai,* » a dit le poëte. Ainsi, comme vous l'êtes de votre côté, vos maîtres sont et restent libres, et ce que je vais dire n'engage absolument que moi. — Tenez, simplifions la situation : imaginez que je suis votre chef d'atelier. Je vous retrouve au lendemain de cette séance. Qu'allons-nous faire ? Tous, vous apportez là vos penchants à l'art ; vous dessinez bien quelque peu, mais elle est restée vague en vos jeunes têtes cette abstraite dissertation que nous avons dû nécessairement poursuivre ici ensemble. Qu'est-ce que je veux ? Donner cours à vos aptitudes ; livrer carrière en vous aux pensées fortes, aux conceptions solides ; vous habituer à traduire sainement vos idées à vous, à faire que les autres les retrouvent un jour dans vos œuvres ce que vous les aurez courageusement voulues, parce que vous les aurez pleinement senties, pleinement conçues, pleinement élevées, plus pleinement encore aimées. Et ne voyez-vous pas d'ici que, si nous parvenions à pareil but, du même coup nous aurions conservé en vous cette belle force de nature, trop vite usée dans les enseignements banals, et qui grandit l'artiste à la mesure de l'homme de caractère, de l'homme qui se sent à tous instants comptable d'une foi sans ombres, et qui voit passer devant lui le sot cortége des muettes transactions de conscience, sans y prendre jamais part, parce qu'elles sont trop petites pour l'intéresser? Quelle grandeur on entrevoit dans l'art, messieurs, et quelle puissance, quand on se prend ainsi à lui supposer de semblables interprètes!

Mais j'oublie, messieurs, que vous n'en êtes pas encore là. Puisque je vous ai laissé surprendre nos secrets sentiments, vous comprendrez mieux comment je vais tenir avec un grand soin à faire de votre raison toujours exercée, la servante docile de vos travaux. Ah! nous vous le demanderons sans cesse : *tout par elle, rien sans elle;* et, pour cela, je prends dès le commencement mes précautions. — Voici le modèle que je trouve sur vos tables comme premier exercice donné par la direction. C'est une imagejuste d'un édifice de la vieille Égypte. Puisque je suis ici momentanément votre maître par supposition, je le puis dire : je sais doublement gré à notre direction d'avoir choisi et préparé un semblable exercice. Il est simple en lui ; le mode d'expression y est largement indiqué comme dans presque tout ce qui tient à cette puissante forme de l'art ; les éléments de l'œuvre y sont peu nombreux et très-faciles à lire. Nous causerons utilement sur ce texte et nous nous trouverons vite en face de ces caractères dominants et généraux, qui distinguent les véritables œuvres d'art et qui nous permettront de fixer promptement le sens de ce *desiratum* que nous aurons à poursuivre en tout. Nous sommes sur un bon terrain.

Mais ce qui me touche surtout, en face de cette image,—j'ai dit le mot *image* avec intention, —c'est qu'elle est vraie, c'est qu'elle tiendra votre esprit attaché ; non sur une fiction relative à cet édifice de Philæ, que nous avons sous les yeux, mais sur l'édifice lui-même. Cela est très-important, messieurs ! Je vous prie de le comprendre. — Quand je veux apprécier un homme et connaître son acabit, si l'on m'offre son portrait ou son signalement, je prends d'abord le portrait et je tâche ensuite d'avoir le signalement. Quand je veux connaître un édifice et savoir ce qu'il dit à mon esprit, je prends son image. Je l'étudie sous cet aspect d'ensemble que je garderai en mémoire utilement et sûrement; puis, quand viendra le temps de l'analyser dans l'exactitude véritable de ses formes constitutives, je prendrai son signalement, c'est-à-dire ses plans, ses coupes et ses élévations. En procédant ainsi, je vous habituerai à mettre en jeu dans tout votre raison; et, bientôt, vous découvrirez en celle-ci le redresseur attentif de vos torts, le premier et le dernier juge d'appel de vos compositions, et cette ancre de salut avec laquelle votre esprit naviguera sûrement vers l'expression juste de vos sentiments et de vos pensées. Nous trouverons dans ces exercices un autre avantage. Nous engagerons ainsi toutes nos études par le côté vif et gai des questions, et ce n'est pas rien de savoir travailler gaiement. Vous le verrez bien, messieurs; quand on le sait prendre, le travail n'est pas un compagnon triste et sombre, ennuyeux et lourd, c'est le plus spirituel des amis et plein de reparties imprévues. — Mais il faut le bien prendre!

J'ai voulu vous familiariser avec vos ateliers et j'ai pris texte de la première des études que vous y rencontrerez. Ne croyez pas qu'on voudra vous faire vivre dans le commerce exclusif de l'Égypte, de toute autre contrée, ou d'une époque quelconque. Après les monuments du Nil, vous rencontrerez ceux de la belle Grèce; puis Rome, puis notre France pensante du moyen âge, viendront, etc., etc. Mais je n'entreprends pas, messieurs, de faire aujourd'hui, jour par jour, la peinture anticipée de vos occupations d'atelier; celles-ci vont se succéder dans le contact de la camaraderie, et dans la mutualité des conseils réciproques de vous tous. Les nouveaux consultent les anciens, les forts conseillent les faibles. Tous interrogent le maître, quand il est là. Celui-ci laisse, à ses heures, échapper cette meilleure part de soi-même, que tout homme tient en réserve à la jeunesse, quand il a le bonheur de la voir groupée et maintenue autour de lui par la sympathie et la confiance spontanée.

C'est à l'atelier que vos exercices vont se développer avec le temps, depuis les simples copies des ensembles et des détails jusqu'à la composition des édifices; c'est là que vous recevrez successivement les thèmes de ces exercices, qui seront en même temps entre vous des sujets de concours ininterrompus pendant vos trois années d'école.

Mais, messieurs, à mesure que vos études s'étendront et s'élèveront, vous découvrirez en vous des exigences légitimement impérieuses. Vos esprits se seront tellement ouverts, vos appétits de bien dire, de vous montrer à vous-mêmes ce que seraient les expressions que vous entrevoyez devant vos programmes, ces appétits se seront tellement aiguisés, que vous n'aurez jamais de moyens assez parfaits pour donner un corps appréciable à vos conceptions. Il faut pourvoir à cela. Le dessin de l'atelier qui, au demeurant, ne comporte guère que des dessins de monuments, et les rendus, qui suivent les compositions, ce dessin laisse une lacune, que la *salle de dessin*, sous la direction d'un homme spécial, est destinée à combler. Vous dessinerez beaucoup à l'école, messieurs, je vous en préviens, et vous y dessinerez dans ce même esprit que je vous montrais il y a quelques instants comme vivifiant l'atelier. Rendre votre main habile est nécessaire; mais ne rien faire qui ne soit lumineusement compris est indispensable; et, habituer votre esprit à la mémoire nette des formes, des reliefs, des jeux de la lumière, des aspects des objets, est précieux avant tout pour un architecte, qui devrait, pour bien faire, rencontrer au bout de son crayon son idée écrite aussitôt que conçue. Vous trouverez, messieurs, des ressources puissantes dans la passion convaincue du maître, dont vous recevrez les leçons presque journalières.

Voilà l'école d'art que nous créons, messieurs; voilà le milieu d'exercices où vous allez entrer! Au point de vue du but que vous poursuivrez avec nous, je n'ai plus rien à vous dire. Vous savez tout. En vous montrant l'intérieur de ces ateliers, où vous serez librement chez vous, je veux dire chez vos chefs d'ateliers, en vous indiquant l'esprit qui va y régner, je ne laisse rien d'indécis sur la voie dans laquelle vous vous engagez, et c'est ce que j'avais à cœur de faire.

Je vois, messieurs, votre étonnement et votre inquiétude. Vous vous dites : Comment! nous écoutons l'exposé de l'enseignement promis, de l'enseignement que nous sommes venus rechercher ici sur la foi d'un programme, où des titres de chaires variées se classaient avec la pompe du nombre et de la plénitude, à côté de noms de professeurs distingués par leurs mérites, et l'on ne nous dit rien de cela!

Messieurs, il faut ici se faire comprendre avant tout, et cette omission apparente est une précaution nécessaire pour édifier certains esprits qui ont méconnu l'organisation de notre enseignement. Je ne devais assurément pas passer sous silence le brillant ensemble de ces dix-huit chaires, toutes créées au point de vue spécial de l'Architecture et qui vont successivement vous retenir assemblés autour d'elles pendant trois années. Mais il faut se faire une juste idée de ce qu'est cette partie indispensable de notre enseignement. Gardons-lui, comme nous l'avons toujours fait, la place secondaire; mais constatons son degré d'utilité. Retournez, je vous en prie, à cet atelier, où je vous ai laissés aux prises avec l'exercice continu de la composition, qui, à vrai dire, est le but réel de vos travaux.

Que voulez-vous y devenir? Comment y voulez-vous progresser si vous n'êtes armés des procédés de la construction, de ces procédés qui ont tant emprunté aux sciences d'application depuis vingt ans; si vous ne vous êtes pourvus de ces connaissances dérivées des sciences mathématiques, qui vous permettront de changer méthodiquement, c'est-à-dire sûrement, les formes des matériaux suivant les nécessités des ouvrages; si, enfin, vous n'avez appris ni l'histoire de votre art, ni la théorie générale qu'il comporte, ni les considérations économiques qui en légitiment l'application partout? Comment viserez-vous aux occupations utiles que vous devez un jour rechercher, si vous n'avez conquis par l'étude les choses de la pratique, qui vous est indispensable? Tout cela vous doit être enseigné et ne peut le mieux être que par les chaires. Nul procédé n'est aussi commode pour vous et aussi expéditif. Il n'empêche pas les livres; mais il en peut dispenser à la rigueur et cela est important pour vous. D'ailleurs, remarquez bien que cette richesse inappréciable de documents que vous recueillerez ainsi, vous sera dispensée aisément, plutôt comme un délassement que comme une fatigue, puisque cela prendra à peine une heure de votre temps chaque jour. On a fait bien des choses au bout de trois ans, avec un cours quotidien d'une heure !

Je rencontre, messieurs, au terme de la tâche que je viens de parcourir, le sujet d'une singulière perplexité.

Quelques personnes ont dit que l'enseignement de l'École centrale d'Architecture était trop élevé ; qu'il était trop chargé; qu'il n'était pas assez pratique; qu'il portait dans les nuages les éléments d'une profession, au demeurant, tenue fort près de terre par les applications qui l'occupent.

D'autres ont pensé et écrit que la richesse même et la plénitude des connaissances pratiques que nous dispensions allait tout au plus à la mesure d'un bon constructeur ; que l'architecte n'a que faire de pareils travaux; que le jeter en cette voie c'est le distraire, à son grand détriment, du calme nécessaire, où l'inspiration vient à son heure illuminer son œuvre d'artiste.

Entre ces deux critiques opposées, qui, si je mesure bien la situation, sont également défendues, ne pourrions-nous pas nous dire avec quelque sagesse : « Il y a toujours eu dans le » monde des myopes et des presbytes. En voici » qui nous crient que nous nous plaçons trop » loin du but, et d'autres que nous sommes » trop près. — N'est-ce pas vraiment le cas de » se croire bien en place? »

Mais l'*École centrale d'Architecture* ne fait ni stratégie ni politique. Elle cherche la vérité dans son œuvre, elle écoute la critique, et elle répond franchement à tout le monde.

Aux premiers elle dit :

Quand un grand art baisse; quand son personnel décline sa responsabilité devant les faits et perd chaque jour du terrain sur le champ d'application qui lui appartient légitimement, la seule réaction salutaire est une réaction radicale. Si c'est l'enseignement qui manque, et si l'on crée l'enseignement, celui-ci ne saurait être ni assez élevé ni assez complet. Ceux qui le fréquentent en prennent ce qu'ils peuvent. Les forts le fortifient eux-mêmes; les faibles en recueillent en partie les bienfaits.

Aux seconds l'École répond :

Les études de l'architecte ne peuvent être relevées aujourd'hui qu'à la condition d'être nourries de toutes les connaissances positives et solides qui lui ont fait défaut jusqu'ici. Si son développement artistique est bien dirigé, le temps qu'il consacrera à cette assimilation est un stimulant salutaire de ses aptitudes, non une gêne à ses bonnes inspirations. C'est une erreur et une faute grave en ce temps que d'abriter l'inspiration dans le calme de l'ignorance. En cette quiétude dangereuse, la rêverie tient vite la place de la pensée, et *remplacer la pensée par la rêverie* c'est, comme on l'a dit, *confondre un poison avec une nourriture.*

Vous le voyez, messieurs, nous ne cachons ni nos sentiments ni nos visées. Comment le pourrions-nous faire? Les uns et les autres émanent de convictions qui sont notre force. Vous, messieurs les élèves, qui vous engagez avec nous, vous deviez nous entendre, et, dussent quelques-unes de nos pensées s'être perdues un peu trop loin pour vous dans des considérations très-générales, nous ne pouvons regretter d'avoir tenté, dans cette séance, l'exposé des idées qui fixent le sens de nos études.

Ce discours, messieurs, s'ouvre par l'accomplissement d'un devoir de reconnaissance. Il nous est bon de trouver à remplir un devoir du même ordre en finissant.

L'École centrale d'Architecture est une fondation privée, due à une association de cent quarante personnes librement associées autour de l'idée qui l'a fait naître. Non-seulement elle a rencontré le franc respect de son initiative et la plus encourageante bienveillance dans la haute administration, avec laquelle sa constitution même la mettait réglementairement en rapport; mais, trois mois à peine après sa constitution, la Société de l'École centrale d'Architecture recevait, du ministère de la maison de l'Empereur et des Beaux-Arts, un témoignage d'intérêt spécial et spontané, auquel, ni vous, messieurs les élèves, qui y êtes intéressés au premier chef, ni nous, qui y trouvons un encouragement éclairé, nous ne devons rester insensibles.

Par arrêté du 1er août 1865, ce département a créé à l'École centrale d'Architecture quatre bourses et quatre demi-bourses. En votre nom comme au nom de l'École, nous adressons ici nos remercîments et l'expression de notre gratitude à Son Excellence le ministre de la maison de l'Empereur et des Beaux-Arts et à Monsieur le surintendant des Beaux-Arts, dont l'active sollicitude ne paraît faire défaut à aucun effort utile à l'art.

Je ne sais terminer sans revenir à vous, messieurs les élèves. Il me semble que je dois vous dire un mot, une dernière pensée; que c'est en vous parlant à vous-mêmes spécialement que je puis clore comme il convient cet entretien déjà long.

Vous arrivez ici soixante-deux élus sur quatre-vingt-cinq candidats. Tous, vous avez subi les épreuves qu'il faut traverser pour être des nôtres. Vous avez bien un peu le bénéfice de quelques facilités laissées dans un programme d'admission intentionnellement incomplet encore; mais enfin vous savez déjà, par l'expérience, que ce qui est désiré, et bien désiré, se conquiert. Il en est de tout ainsi dans la vie et s'il est nécessaire de parler du grand protecteur, du seul protecteur sur lequel on puisse compter aujourd'hui, le *travail*, c'est bien à propos de l'art et lorsqu'on s'adresse à des artistes. Il faut que vous le sachiez, messieurs : malgré tout ce que vous avez entendu, tout ce que vous entendrez dire sur les douceurs attrayantes de la condition d'artiste, nulle part le travail n'est plus nécessaire, nulle part il n'est aussi difficile. Si la croyance que le travail est le seul salut n'y est pas, tout est perdu. Tout est si agréable au premier aspect dans l'art que lorsqu'on n'y apporte pas l'habitude permanente du travail, on y laisse dégrader vite ce qu'on a de bon en soi. Tout est si facile à prendre par *à peu près* ici, que, si l'on ne se tient ferme, on n'est plus bientôt qu'un homme habitué aux innombrables distractions de la fantaisie : on reste un enfant et un inutile pour toujours.

Songez-y, et rappelez-vous ceci :

A chacune des extrémités opposées du champ clos de l'art, on rencontre une porte d'accès libre.

— Qui pénètre à l'intérieur par l'une sortira par l'autre.

A l'entrée de la première on lit : *Désintéressement des choses positives du temps. Contemplation. Rêverie.* — Mais à la sortie : *Inutilité. Ennui. Désillusion. Abaissement moral et faux orgueil.*

A l'entrée de la seconde, on lit : *Conscience de son temps. Pensée violentée par le travail;* mais à la sortie : *Fécondité de l'œuvre. Éternelle beauté de l'art. Contentement de soi. Fierté.*

Allons, messieurs, prenez la bonne porte et soyez des artistes : — vous serez des hommes.

Après ce discours, dont la lecture a été souvent interrompue par les applaudissements de l'auditoire, le Président déclare l'*École centrale d'Architecture* ouverte et lève la séance au milieu des témoignages de la plus vive sympathie.

www.ingramcontent.com/pod-product-compliance
Ingram Content Group UK Ltd.
Pitfield, Milton Keynes, MK11 3LW, UK
UKHW012108240726
13965UKWH00004B/1641